AF190807

# Komm in die Pötte

Von Frank Kralemann

**Buchbeschreibung:**

Kennen Sie das? Der Berg an Aufgaben wächst und wächst, während Sie diese eine wichtige E-Mail schon seit Tagen vor sich herschieben. Die Steuererklärung wartet seit Monaten, das Aufräumen des Kellers wurde bereits dreimal verschoben, und das Fitness-studio-Abo liegt seit Januar ungenutzt in der Schublade. Sie sind nicht allein - das Auf-schieben, fachsprachlich auch Prokrastination genannt, ist ein weit verbreitetes Phänomen unserer Zeit.

Dieses Buch wurde geschrieben, um Ihnen einen praktischen und wissenschaftlich fundierten Weg aus der Aufschieberitis zu zeigen. Es basiert nicht auf oberflächlichen Motivationssprüchen oder kurzfristigen Tricks, sondern bietet Ihnen ein tiefgreifendes

Verständnis Ihres eigenen Verhaltens und konkrete Strategien zur nachhaltigen Veränderung.


**Über den Autor:**

Frank Kralemann wohnt in der Nähe des Teutoburger Waldes. Er schreibt seit 2007 Bücher.  Seine Hobbies sind Laufen, Lesen und Bücher schreiben. Frank Kralemann ist Vater und Großvater.

# Komm in die Pötte

## Anfangen und weitermachen

von Frank Kralemann

1. Auflage, 2025 Frank Kralemann

© 2025 Alle Rechte vorbehalten.

Verlag: BoD · Books on Demand GmbH,
In de Tarpen 42, 22848 Norderstedt,
bod@bod.de
Druck: Libri Plureos GmbH,
Friedensallee 273, 22763 Hamburg

ISBN: 978-3-8391-6179-1

Inhaltsverzeichnis

## Der Weg zur Handlung

Kennen Sie das? Der Berg an Aufgaben wächst und wächst, während Sie diese eine wichtige E-Mail, schon seit Tagen vor sich herschieben. Die Steuererklärung wartet seit Monaten, das Aufräumen des Kellers wurde bereits dreimal verschoben, und das Fitnessstudio-Abo liegt seit Januar ungenutzt in der Schublade. Sie sind nicht allein - das Aufschieben, fachsprachlich auch Prokrastination genannt, ist ein weit verbreitetes Phänomen unserer Zeit.

In unserer schnelllebigen Welt, geprägt von ständiger Erreichbarkeit und endlosen Möglichkeiten, fällt es vielen Menschen zunehmend schwerer, Aufgaben direkt anzugehen und abzuschließen. Wir kennen alle diese innere Stimme, die uns einflüstert: „Das kann ich auch noch morgen machen" oder „Jetzt ist gerade nicht der richtige Zeitpunkt dafür". Doch am nächsten Tag wiederholt sich das gleiche Spiel, und die aufgeschobenen Aufgaben werden zu einer immer schwereren Last, die uns emotional und oft auch körperlich belastet.

Dieses Buch wurde geschrieben, um Ihnen einen praktischen und wissenschaftlich fundierten Weg aus der Aufschieberitis zu zeigen. Es basiert nicht auf oberflächlichen Motivationssprüchen oder kurzfristigen Tricks, sondern bietet Ihnen ein tiefgreifendes Verständnis Ihres eigenen Verhaltens und konkrete Strategien zur nachhaltigen Veränderung.

Der besondere Nutzen dieses Buches liegt in seinem ganzheitlichen Ansatz. Wir werden nicht nur die offensichtlichen Symptome des Aufschiebens behandeln, sondern auch die zugrundeliegenden psychologischen Mechanismen verstehen lernen. Sie werden erkennen, dass Prokrastination keine Charakterschwäche ist, sondern ein erlerntes Verhaltensmuster, das Sie mit den richtigen Werkzeugen und Strategien ändern können.

Im Laufe der Lektüre werden Sie:

- Die wahren Ursachen Ihres Aufschiebeverhaltens erkennen und verstehen
- Praktische Techniken erlernen, um vom Denken ins Handeln zu kommen
- Ihr Zeitmanagement fundamental verbessern

- Effektive Routinen entwickeln, die Ihnen helfen, Aufgaben zeitnah anzugehen
- Mentale Blockaden überwinden und neue Gewohnheiten etablieren

Das Besondere an diesem Buch ist sein praxisorientierter Ansatz. Jedes Kapitel enthält nicht nur theoretisches Wissen, sondern auch konkrete Übungen und Arbeitsblätter, die Sie direkt in Ihren Alltag integrieren können. Sie werden lernen, wie Sie große Aufgaben in machbare Teilschritte zerlegen, wie Sie mit inneren Widerständen umgehen und wie Sie Ihre Motivation auch bei unangenehmen Aufgaben aufrechterhalten.

Ein weiterer wichtiger Aspekt ist die Berücksichtigung der modernen Arbeitswelt. In Zeiten von Home-Office, digitaler Ablenkung und verschwimmenden Grenzen zwischen Arbeit und Privatleben braucht es neue Strategien im Umgang mit Prokrastination. Dieses Buch gibt Ihnen die Werkzeuge an die Hand, um auch unter diesen Herausforderungen produktiv und handlungsfähig zu bleiben.

Sie werden verstehen lernen, warum traditionelle Zeitmanagement-Methoden oft scheitern und wie Sie stattdessen ein System entwickeln können, das zu Ihrer Persönlichkeit und Ihren individuellen Lebensumständen passt. Dabei spielt auch die emotionale Komponente eine wichtige Rolle: Wie gehen Sie mit Perfektionismus um? Wie überwinden Sie die Angst vor dem Scheitern? Wie bleiben Sie auch bei Rückschlägen motiviert?

Was Sie in diesem Buch nicht finden werden, sind unrealistische Versprechen oder schnelle Lösungen. Verhaltensänderung braucht Zeit und Geduld. Aber Sie finden hier einen bewährten Weg, der Sie Schritt für Schritt aus dem Teufelskreis des Aufschiebens führt.

Das Aufschieben hat in unserer modernen Gesellschaft viele Gesichter. Manchmal versteckt es sich hinter scheinbar produktiven Tätigkeiten - wir sortieren unseren Schreibtisch, anstatt den wichtigen Bericht zu schreiben, oder verbringen Stunden damit, die perfekte Produktivitäts-App zu finden, anstatt unsere tatsächlichen Aufgaben anzugehen. Diese Form der „produktiven Prokrastination" macht es besonders schwer, das eigene Aufschiebeverhalten zu erkennen und zu ändern.

In diesem Buch werden Sie lernen, diese Verhaltensmuster zu durchschauen und zu durchbrechen. Sie werden verstehen, dass Aufschieben oft eine Form des Selbstschutzes ist - vor Überforderung, vor möglichem Scheitern oder vor der Konfrontation mit unangenehmen Gefühlen. Dieses Verständnis ist der erste Schritt zur Veränderung.

Ein besonderer Schwerpunkt liegt auf dem Phänomen der zeitlichen Diskontierung - unserer Tendenz, kurzfristige Belohnungen gegenüber langfristigen Vorteilen zu bevorzugen. Warum fällt es uns so schwer, heute etwas zu tun, das uns erst in der Zukunft nützt? Die Antwort liegt in der Evolution unseres Gehirns und in den psychologischen Mechanismen, die unser Verhalten steuern. Sie werden lernen, wie Sie diese natürlichen Tendenzen nicht bekämpfen, sondern zu Ihrem Vorteil nutzen können.

Das Buch basiert auf den neuesten Erkenntnissen der Verhaltenspsychologie und der Neurowissenschaften. Diese wissenschaftlichen Grundlagen werden jedoch stets in praktische, alltagstaugliche Strategien übersetzt. Sie erfahren, wie Sie Ihre Umgebung so gestalten können, dass sie Ihr gewünschtes Verhalten unterstützt, wie Sie innere Widerstände überwinden und wie Sie auch bei großen Projekten den Überblick behalten.

Ein weiterer wichtiger Aspekt ist die soziale Komponente des Aufschiebens. Wie kommunizieren Sie mit anderen über Ihre Ziele und Termine? Wie gehen Sie mit externem Druck um? Wie können Sie Unterstützung mobilisieren, ohne abhängig zu werden? Auch diese Fragen werden wir ausführlich behandeln.

Das Buch ist so aufgebaut, dass Sie es Schritt für Schritt durcharbeiten können. Jedes Kapitel baut auf dem Vorherigen auf und führt Sie systematisch zu mehr Handlungsfähigkeit. Dabei ist es wichtig, zu verstehen, dass es nicht darum geht, nie mehr etwas aufzuschieben - das wäre unrealistisch. Vielmehr geht es darum, ein gesundes Gleichgewicht zu finden und die wichtigen Dinge im Leben nicht mehr durch unnötiges Aufschieben zu blockieren.

Sie werden lernen, wie Sie:
    - Ihre persönlichen Aufschiebemuster erkennen und verstehen

- Realistische Ziele setzen und diese in konkrete Handlungsschritte übersetzen

- Mit inneren Widerständen und Ängsten konstruktiv umgehen

- Ihre Arbeitsumgebung optimal gestalten

- Ablenkungen minimieren und Fokus aufbauen

- Erfolge nachhaltig verankern und aus Rückschlägen lernen

Besonders wertvoll sind die zahlreichen Praxisbeispiele und Erfahrungsberichte, die zeigen, wie andere Menschen ihre Prokrastination überwunden haben. Diese Geschichten machen Mut und zeigen, dass Veränderung möglich ist - unabhängig davon, wie lange Sie schon mit dem Aufschieben kämpfen.

Am Ende jedes Kapitels finden Sie konkrete Übungen und Reflexionsfragen, die Ihnen helfen, das Gelernte zu vertiefen und auf Ihre persönliche Situation anzuwenden. Ein Arbeitsbuch im

Anhang bietet zusätzliche Werkzeuge für Ihre persönliche Entwicklung.

Lassen Sie uns gemeinsam den Weg aus der Aufschieberitis gehen. Mit den richtigen Strategien und etwas Geduld können Sie lernen, Ihre Aufgaben rechtzeitig anzugehen und dadurch mehr Kontrolle über Ihr Leben zu gewinnen. Die Belohnung wird sein: weniger Stress, mehr Zufriedenheit und ein stärkeres Gefühl von Selbstwirksamkeit.

## Das Phänomen Aufschieben verstehen

Es ist Sonntag Abend, und wieder einmal sitzen Sie vor dem Berg an Arbeit, den Sie eigentlich schon längst hätten erledigen wollen. Die wichtige Präsentation für morgen ist nur halb fertig, obwohl Sie den ganzen Tag Zeit hatten. Stattdessen haben Sie die Wohnung geputzt, Ihre E-Mails sortiert und drei Stunden in den sozialen Medien verbracht. Ein bekanntes Szenario? Willkommen in der Welt der Prokrastination.

Was ist Prokrastination wirklich?

Prokrastination ist weit mehr als einfach nur „Faulheit" oder mangelnde Zeitplanung. Es handelt sich um ein komplexes psychologisches Phänomen, das Wissenschaftler als „freiwilliges Aufschieben einer geplanten Handlung trotz der Erwartung negativer Konsequenzen" definieren. Das Wichtige an dieser Definition ist das Wort „freiwillig" - wir entscheiden uns in diesem Moment bewusst oder unbewusst gegen die Ausführung einer Aufgabe, obwohl wir wissen, dass dies negative Folgen haben wird.

Dabei ist das Aufschieben ein zutiefst menschliches Verhalten. Studien zeigen, dass etwa 95% der Menschen gelegentlich prokrastinieren, und bei etwa 20% ist es ein chronisches Problem, das ihr Leben erheblich beeinträchtigt. Das Besondere daran: Je unangenehmer oder komplexer eine Aufgabe erscheint, desto wahrscheinlicher ist es, dass wir sie aufschieben.

Die verschiedenen Formen des Aufschiebens

Nicht jedes Aufschieben sieht gleich aus. Es gibt verschiedene Typen der Prokrastination:

Der aktive Prokrastinator verschiebt Aufgaben bewusst, weil er glaubt, unter Druck besser arbeiten zu können. Diese Menschen suchen regelrecht den Nervenkitzel der letzten Minute. Während dies kurzfristig funktionieren kann, führt es langfristig oft zu erhöhtem Stress und schlechterer Arbeitsqualität.

Der passive Prokrastinator hingegen wird von Selbstzweifeln und Ängsten gelähmt. Er schiebt auf, weil er sich die Aufgabe nicht zutraut oder perfektionistische Ansprüche hat. Dieser Typ leidet besonders unter seinem Verhalten und entwickelt oft Schuldgefühle.

Die „produktive Prokrastination" ist eine besonders tückische Form: Hier werden wichtige Aufgaben durch weniger wichtige, aber dennoch „produktive" Tätigkeiten ersetzt. Klassisches Beispiel: Den Schreibtisch aufräumen, anstatt den wichtigen Bericht zu schreiben.

Warum wir aufschieben: Psychologische Grundlagen.

Die Gründe für Prokrastination sind vielfältig und oft tief in unserer Psyche verankert. Ein Hauptfaktor ist die sogenannte „temporal discounting" - die Tendenz unseres Gehirns, zukünftige Belohnungen oder Konsequenzen als weniger wichtig einzustufen als gegenwärtige.

Unser Gehirn ist evolutionär darauf programmiert, unmittelbare Belohnungen zu bevorzugen. Das war in der Steinzeit sinnvoll, als die Zukunft höchst unsicher war. Heute stellt uns dieser Mechanismus vor Probleme, wenn wir langfristige Ziele verfolgen wollen.

Weitere psychologische Faktoren sind:
- Angst vor dem Versagen
- Perfektionismus
- Überforderung
- Mangelnde Selbstwirksamkeitserwartung
- Impulsivität
- Schwierigkeiten bei der Emotionsregulation

Der Unterschied zwischen Aufschieben und Faulheit

Ein wichtiger Punkt, den wir gleich zu Beginn klären müssen, ist der Unterschied zwischen Prokrastination und Faulheit. Faulheit ist eine bewusste Entscheidung, nichts zu tun, oft verbunden mit einer gewissen Zufriedenheit mit diesem Zustand. Prokrastination hingegen ist ein aktiver Prozess, bei dem wir uns selbst sabotieren

- oft begleitet von Schuldgefühlen und dem Wunsch, es anders zu machen.

Die Rolle von Stress und Angst

Stress und Angst sind zentrale Faktoren im Kreislauf der Prokrastination. Paradoxerweise führt das Aufschieben zu mehr Stress, was wiederum das Aufschieben verstärkt. Dieser Teufelskreis wird noch verstärkt durch:

- Zeitdruck

- Hohe Erwartungen von außen

- Selbstzweifel

- Vergangene negative Erfahrungen

- Unsicherheit über die eigenen Fähigkeiten

Gesellschaftliche und kulturelle Einflüsse

In unserer modernen Gesellschaft haben sich die Herausforderungen im Zusammenhang mit Prokrastination verstärkt. Die ständige Verfügbarkeit von Ablenkungen durch digitale Medien, die Erwartung sofortiger Reaktionen und die zunehmende Komplexität unserer Aufgaben machen es uns schwerer denn je, fokussiert zu bleiben.

Gleichzeitig leben wir in einer Leistungsgesellschaft, die permanente Produktivität fordert. Dieser Druck kann paradoxerweise das Aufschiebeverhalten noch verstärken, da wir uns überfordert fühlen und in die Vermeidung flüchten.

Der erste Schritt zur Veränderung ist das Verständnis dieser Zusammenhänge. Nur wenn wir erkennen, dass Prokrastination ein komplexes Verhaltensmuster ist und keine Charakterschwäche, können wir beginnen, konstruktiv damit umzugehen.

# Selbstanalyse: Ihr persönliches Aufschiebemuster

Um Ihr Aufschiebeverhalten erfolgreich zu ändern, müssen Sie zunächst verstehen, wie Ihr persönliches Muster aussieht. Jeder Mensch prokrastiniert auf seine eigene Weise, und was bei dem einen funktioniert, muss bei dem anderen noch lange nicht wirken. In diesem Kapitel lernen Sie, wie Sie Ihr individuelles Aufschiebeverhalten analysieren und verstehen können.

Das Aufschiebe-Tagebuch führen

Der erste und wichtigste Schritt zur Selbsterkenntnis ist das Führen eines Aufschiebe-Tagebuchs. Dieses Tagebuch ist kein gewöhnlicher Kalender, sondern ein präzises Instrument zur Verhaltensanalyse. Notieren Sie über einen Zeitraum von mindestens zwei Wochen:

- Welche Aufgaben Sie aufschieben

- Was Sie stattdessen tun

- Ihre Gedanken und Gefühle in diesen Momenten

- Die Uhrzeit und Situation

- Ihre Energieniveau und körperliche Verfassung

Achten Sie dabei besonders auf die Details: War es morgens oder abends? Waren Sie allein oder in Gesellschaft? Wie war Ihre Stimmung? Diese Informationen helfen Ihnen, Muster zu erkennen, die Ihnen bisher vielleicht nicht bewusst waren.

Trigger und Auslöser identifizieren

Prokrastination geschieht nicht zufällig. Es gibt bestimmte Trigger, die uns zum Aufschieben verleiten. Diese können sein:

- Bestimmte Tageszeiten

- Spezifische Arbeitsumgebungen

- Soziale Situationen

- Emotionale Zustände

- Körperliche Faktoren wie Müdigkeit oder Hunger

- Bestimmte Arten von Aufgaben

Durch die systematische Analyse Ihres Tagebuchs werden Sie erkennen, welche dieser Trigger bei Ihnen besonders häufig auftreten. Vielleicht stellen Sie fest, dass Sie besonders anfällig für Prokrastination sind, wenn Sie müde sind oder wenn eine Aufgabe sehr komplex erscheint.

Ihre persönlichen Vermeidungsstrategien erkennen

Jeder Mensch entwickelt im Laufe der Zeit seine eigenen Vermeidungsstrategien. Einige klassische Beispiele sind:

- Übertriebenes Planen anstatt Handeln

- Sich in unwichtigen Details verlieren

- „Produktives" Prokrastinieren durch weniger wichtige Aufgaben

- Soziale Medien und digitale Ablenkungen

- Putzen und Aufräumen

- Überengagement in anderen Bereichen

Besonders wichtig ist es, auch subtilere Vermeidungsstrategien zu erkennen. Manchmal tarnen sich diese als scheinbar sinnvolle Aktivitäten: Das endlose Recherchieren von Informationen, das ständige Überarbeiten bereits fertiger Teile oder das excessive Organisieren des Arbeitsplatzes.

Emotionale Muster aufdecken

Gefühle spielen eine zentrale Rolle bei der Prokrastination. Oft sind es nicht die Aufgaben selbst, die uns Probleme bereiten, sondern die damit verbundenen Emotionen. Typische emotionale Muster sind:

- Angst vor dem Versagen

- Überforderung

- Frustration

- Langeweile

- Unsicherheit

- Widerwillen gegen Autoritäten

Durch die Analyse Ihres Tagebuchs werden Sie erkennen, welche Emotionen Sie besonders häufig zum Aufschieben verleiten. Diese Erkenntnis ist der erste Schritt zur Entwicklung besserer Bewältigungsstrategien.

Die Rolle von Perfektionismus

Perfektionismus ist einer der häufigsten Gründe für Prokrastination. Dabei gibt es verschiedene Arten von Perfektionismus:

- Der selbstorientierte Perfektionismus: überhöhte Ansprüche an sich selbst
- Der sozial vorgeschriebene Perfektionismus: der wahrgenommene Druck von außen
- Der andere-orientierte Perfektionismus: überhöhte Ansprüche an andere

Perfektionisten schieben oft auf, weil sie fürchten, ihre hohen Standards nicht erfüllen zu können. Das Paradoxe daran: Durch das Aufschieben wird die Qualität der Arbeit meist schlechter, nicht besser.

Kosten-Nutzen-Analyse Ihres Verhaltens

Um Ihre Motivation zur Veränderung zu stärken, ist es wichtig, sich die realen Kosten Ihres Aufschiebeverhaltens bewusst zu machen. Erstellen Sie eine detaillierte Liste:

Kurzfristige Kosten:

- Stress und Zeitdruck
- Schlechtere Arbeitsqualität
- Negative Auswirkungen auf Beziehungen
- Verpasste Gelegenheiten

Langfristige Kosten:

- Karriereeinschränkungen
- Gesundheitliche Probleme
- Finanzielle Nachteile
- Verminderte Selbstwirksamkeit

Stellen Sie diesen Kosten auch die vermeintlichen „Vorteile" des Aufschiebens gegenüber:

- Kurzfristige Erleichterung
- Vermeidung unangenehmer Gefühle
- Illusion von Kontrolle
- Rebellion gegen Autoritäten

Diese Analyse macht deutlich, dass die langfristigen Kosten des Aufschiebens die kurzfristigen „Vorteile" bei weitem überwiegen.

Die Erkenntnisse aus dieser Selbstanalyse bilden die Grundlage für alle weiteren Schritte zur Überwindung der Prokrastination. Nur wenn Sie Ihr persönliches Aufschiebemuster verstehen, können Sie gezielt und effektiv dagegen vorgehen.

# Die Kraft des Wollens - Der innere Antrieb zur Veränderung

Das Fundament jeder erfolgreichen Verhaltensänderung liegt nicht in den Techniken oder Strategien, sondern in einer grundlegenderen Kraft: dem authentischen Wollen. Ohne ein tiefgreifendes Verständnis unseres „Warum" bleiben alle Methoden zur Überwindung von Prokrastination nur oberflächliche Werkzeuge.

Die Frage nach dem Warum

Bevor wir uns mit dem „Wie" beschäftigen, müssen wir das „Warum" vollständig durchdringen. Warum wollen wir unser Aufschiebeverhalten ändern? Die erste Antwort ist oft oberflächlich: „Weil es mich stresst" oder „Weil ich produktiver sein möchte". Doch diese Antworten reichen nicht tief genug. Wir müssen wie ein neugieriges Kind immer wieder „Warum?" fragen, bis wir zum Kern vordringen.

Ein Beispiel: Eine Managerin möchte ihre Tendenz überwinden, wichtige Entscheidungen aufzuschieben.

Warum? „Weil es den Projektfortschritt behindert."

Warum ist das wichtig? „Weil es das Team frustriert."

Warum stört Sie das? „Weil ich eine gute Führungskraft sein möchte."

Warum ist Ihnen das wichtig? „Weil ich Menschen dabei helfen möchte, ihr Potenzial zu entfalten."

Warum? „Weil ich glaube, dass jeder Mensch die Chance verdient, sich zu entwickeln."

Jetzt sind wir bei einem Kernwert angelangt - einem fundamentalen Glaubenssatz über das, was im Leben wichtig ist. Dieser tiefe Beweggrund

hat eine ganz andere Qualität als die oberflächliche erste Antwort.

Die Entscheidung als Wendepunkt

Eine echte Entscheidung ist mehr als ein vager
Vorsatz. Das Wort „Entscheidung" kommt vom
althochdeutschen „scheiden" - es bedeutet, sich
von Alternativen zu trennen. Eine wahre Entscheidung schneidet die Möglichkeit des „Weiter
wie bisher" ab. Sie ist ein Punkt ohne Wieder-
kehr.

Diese Art von Entscheidung fühlt sich anders an
als ein gewöhnlicher Vorsatz. Sie hat eine Qualität von Endgültigkeit, wie wenn jemand
beschließt, mit dem Rauchen aufzuhören und in
diesem Moment weiß: Dies ist die letzte Ziga-
rette. Es gibt kein „Vielleicht" oder „Später"
mehr.

Eine solche Entscheidung entsteht oft aus der
Verbindung von Schmerz und Vision - dem

Schmerz des gegenwärtigen Zustands und der klaren Vision einer besseren Zukunft. Erst wenn beides stark genug ist, sind wir bereit für echte Veränderung.

Die positive Aggression

Nach der Entscheidung braucht es eine besondere Art von Energie - die positive Aggression. Dies ist nicht die destruktive Aggression des Zorns, sondern die konstruktive Kraft des entschlossenen Handelns. Das lateinische „aggredi" bedeutet „herangehen", „in Angriff nehmen". Genau darum geht es: die Energie, Dinge tatsächlich anzupacken.

Diese positive Aggression zeigt sich in einer körperlichen und mentalen Haltung der Entschlossenheit. Es ist die Energie, die uns morgens aus dem Bett springen lässt, wenn wir uns auf etwas freuen. Es ist die Kraft, die uns durch Widerstände trägt, wenn wir von unserem Ziel überzeugt sind.

Die Kultivierung der positiven Aggression

Diese Kraft lässt sich bewusst kultivieren. Ein erster Schritt ist die körperliche Aktivierung: Eine aufrechte Haltung, tiefes Atmen, bewusste Bewegung. Unser Körper beeinflusst unseren Geist - wenn wir uns wie ein entschlossener Mensch bewegen, beginnen wir auch so zu denken.

Auch unsere Sprache spielt eine wichtige Rolle. Statt „ich sollte", „ich müsste", „ich könnte" verwenden wir klare, aktive Formulierungen: „ich werde", „ich tue", „ich entscheide". Diese Sprache der Entschlossenheit verstärkt unsere innere Haltung.

Die Verbindung zum tieferen Sinn

Die positive Aggression braucht eine Richtung, einen Sinn. Wenn wir unser „Warum" gefunden haben, wird diese Energie zielgerichtet. Sie wird zu einer treibenden Kraft, die uns auch durch schwierige Phasen trägt.

Dabei ist es wichtig, zu verstehen, dass diese Energie nicht konstant auf hohem Niveau bleiben muss. Wie alle natürlichen Kräfte hat sie ihre Rhythmen. Die Kunst liegt darin, sie zu nutzen, wenn sie da ist, und andere Ressourcen zu aktivieren, wenn sie temporär nachlässt.

Der Unterschied zwischen Wollen und Wünschen

Viele Menschen verwechseln Wünschen mit Wollen. Ein Wunsch ist passiv - wie der Traum von einem Lottogewinn. Wahres Wollen hingegen ist aktiv - es beinhaltet die Bereitschaft, den Preis für das Gewünschte zu zahlen.

Wenn wir wirklich wollen, akzeptieren wir auch die Unbequemlichkeiten, die mit unserem Ziel verbunden sind. Wer wirklich fit werden will, akzeptiert den Muskelkater. Wer wirklich ein

Buch schreiben will, akzeptiert die einsamen Stunden am Schreibtisch.

Die Integration in den Alltag

Die Kraft des Wollens muss in unseren Alltag integriert werden. Dies geschieht durch regelmäßige Verbindung mit unserem „Warum". Manche Menschen nutzen Morgenrituale, um sich täglich an ihre tiefere Motivation zu erinnern. Andere schaffen sich visuelle Erinnerungen - Bilder oder Symbole, die ihr Ziel repräsentieren.

Besonders wichtig ist die Verbindung in Momenten der Versuchung - wenn die alte Gewohnheit des Aufschiebens lockt. In diesen Momenten können wir innehalten und uns fragen: „Was will ich wirklich? Was ist mir wirklich wichtig?"

Die Transformation des Selbstbildes

Letztlich führt wahres Wollen zu einer Transformation unseres Selbstbildes. Wir beginnen, uns als Menschen zu sehen, die handeln statt aufschieben, die Verantwortung übernehmen statt sie zu vermeiden. Diese Veränderung der Identität ist der tiefste und nachhaltigste Aspekt der Veränderung.

Diese neue Identität wird nicht über Nacht geboren. Sie entwickelt sich durch wiederholtes Handeln im Einklang mit unserem tieferen Wollen. Jede Entscheidung, nicht aufzuschieben, jeder Moment des entschlossenen Handelns verstärkt dieses neue Selbstbild.

Die Kraft des Wollens ist der Motor jeder nachhaltigen Veränderung. Ohne sie bleiben alle Techniken und Strategien leblose Werkzeuge. Mit ihr werden sie zu machtvollen Instrumenten der Transformation. Die Frage ist nicht, ob wir die Fähigkeit haben, unser Aufschiebeverhalten zu ändern. Die Frage ist, ob wir es wirklich wollen - mit allem, was dazugehört.

# Die Psychologie der Zeitwahrneh-mung

Unsere Beziehung zur Zeit ist eine der faszinierendsten Aspekte der menschlichen Psychologie. Wenn es um das Aufschieben geht, spielt unser Verständnis und unsere Wahrnehmung von Zeit eine zentrale Rolle. In diesem Kapitel werden wir erkunden, warum wir Zeit oft falsch einschätzen und wie wir lernen können, besser mit ihr umzugehen.

Zeitliche Diskontierung verstehen

Ein grundlegendes Prinzip unserer Zeitwahrnehmung ist die zeitliche Diskontierung. Dieser Begriff beschreibt unsere Tendenz, unmittelbare Belohnungen gegenüber zukünftigen zu bevorzugen, selbst wenn die zukünftigen Belohnungen objektiv wertvoller sind. Stellen Sie sich vor, Sie hätten die Wahl zwischen 100 Euro heute oder 150 Euro in einem Monat. Viele Menschen würden sich für die 100 Euro heute entscheiden, obwohl dies wirtschaftlich unvernünftig ist.

Diese Neigung hat evolutionäre Wurzeln. In der Frühgeschichte der Menschheit war die Zukunft höchst unsicher, und es war sinnvoll, verfügbare Ressourcen sofort zu nutzen. Unser Gehirn ist noch immer auf diese ursprüngliche Überlebensstrategie programmiert, auch wenn sie in der modernen Welt oft kontraproduktiv ist.

Warum die Zukunft weniger wichtig erscheint

Unser Gehirn behandelt unser zukünftiges Selbst fast wie eine fremde Person. Neurowissenschaftliche Studien haben gezeigt, dass wir beim Nachdenken über unser zukünftiges Selbst ähnliche Gehirnregionen aktivieren wie beim Nachdenken über andere Menschen. Dies erklärt, warum es uns so schwerfällt, für unser zukünftiges Selbst Opfer zu bringen oder unangenehme Aufgaben anzugehen.

Der „Future Self"-Effekt

Dieser psychologische Mechanismus wird als „Future Self"-Effekt bezeichnet. Wenn wir eine Aufgabe aufschieben, belasten wir damit unser zukünftiges Selbst, das uns in diesem Moment merkwürdig fremd und unwichtig erscheint. Erst wenn die Zukunft zur Gegenwart wird, realisieren wir, dass wir uns selbst einen Bärendienst erwiesen haben.

Eine effektive Strategie, diesem Effekt entgegen-zuwirken, ist die bewusste Verbindung mit unse-rem zukünftigen Selbst. Dies kann durch ver-schiedene Übungen erreicht werden:

- Schreiben Sie einen Brief an Ihr zukünftiges Selbst
- Visualisieren Sie detailliert, wie Sie sich in der Zukunft fühlen werden
- Erstellen Sie konkrete Zukunftsszenarien

- Entwickeln Sie eine emotionale Verbindung zu Ihren langfristigen Zielen

Zeitmanagement neu gedacht

Traditionelles Zeitmanagement basiert oft auf der Annahme, dass Zeit ein lineares, objektiv messbares Phänomen ist. Unsere subjektive Zeitwahrnehmung folgt jedoch anderen Gesetzen. Eine Stunde kann sich wie eine Ewigkeit oder wie ein Augenblick anfühlen, je nachdem, womit wir sie füllen.

Ein modernes Zeitmanagement muss diese subjektive Komponente berücksichtigen. Statt starrer Zeitpläne brauchen wir flexible Systeme, die unsere natürlichen Rhythmen und Energiekurven berücksichtigen.

Biologische Rhythmen und Produktivität

Jeder Mensch hat seinen individuellen biologischen Rhythmus, den sogenannten circadianen Rhythmus. Dieser beeinflusst maßgeblich, wann wir besonders leistungsfähig sind und wann nicht. Es gibt:

- Morgentypen („Lerchen")
- Abendtypen („Eulen")
- Verschiedene Zwischentypen

Die Kenntnis des eigenen Biorhythmus ist entscheidend für produktives Arbeiten. Wichtige Aufgaben sollten möglichst in Hochleistungsphasen erledigt werden, während Routineaufgaben in energieärmere Zeiten gelegt werden können.

Die Illusion der verfügbaren Zeit

Eine häufige Falle ist die Überschätzung der verfügbaren Zeit. Wir neigen dazu, zu optimistisch zu planen und dabei wichtige Faktoren zu übersehen:

- Unterbrechungen und Störungen
- Vorbereitungs- und Nachbereitungszeiten
- Regenerationsphasen
- Unvorhergesehene Ereignisse

- Soziale Verpflichtungen

Ein realistisches Zeitverständnis entwickelt sich erst durch bewusste Beobachtung und Dokumentation des tatsächlichen Zeitverbrauchs. Führen Sie über einige Wochen ein detailliertes Zeitprotokoll, um ein Gefühl für Ihre wahren Zeitressourcen zu bekommen.

Praktische Strategien zur besseren Zeitwahrnehmung:

1. Die „Zeitanker"-Methode

Setzen Sie sich bewusste Zeitanker im Tagesverlauf. Dies können regelmäßige Pausen, kurze Meditationen oder Reflexionsmomente sein. Diese Anker helfen Ihnen, ein besseres Gefühl für den Zeitfluss zu entwickeln.

2. Die „Zeitblock"-Technik

Teilen Sie Ihren Tag in überschaubare Blöcke ein. Planen Sie dabei bewusst Pufferzeiten ein.

Diese Struktur gibt Ihnen Orientierung, ohne zu starr zu sein.

3. Das „Zeitfenster"-Prinzip

Definieren Sie für jede Aufgabe ein realistisches Zeitfenster. Berücksichtigen Sie dabei Ihre Erfahrungen aus der Vergangenheit und planen Sie Reserven ein.

Die Überwindung der zeitlichen Diskontierung und die Entwicklung eines gesunden Zeitverständnisses sind zentrale Schritte auf dem Weg zur Überwindung der Prokrastination. Nur wer die psychologischen Mechanismen seiner Zeitwahrnehmung versteht, kann sie aktiv beeinflussen und zu seinem Vorteil nutzen.

## Motivation verstehen und steuern

Die Motivation ist der Schlüssel zu jeder Veränderung, doch gleichzeitig ist sie eines der am meisten missverstandenen Konzepte unserer Zeit. In diesem Kapitel werden wir tief in das Verständnis der Motivation eintauchen und lernen, wie wir sie nachhaltig aufbauen und steuern können.

Intrinsische vs. extrinsische Motivation

Die Motivationspsychologie unterscheidet grundsätzlich zwischen zwei Arten der Motivation. Die intrinsische Motivation kommt von innen - wir tun etwas, weil uns die Tätigkeit selbst Freude bereitet oder weil wir sie als sinnvoll empfinden. Die extrinsische Motivation hingegen wird durch äußere Faktoren wie Belohnungen, Anerkennung oder die Vermeidung von negativen Konsequenzen gesteuert.

Lange Zeit glaubte man, extrinsische Motivation sei weniger wertvoll als intrinsische. Heute wissen wir, dass beide Formen ihre Berechtigung haben und sich sogar gegenseitig verstärken können. Der Trick liegt darin, sie richtig zu kombinieren und einzusetzen.

Der Motivations-Mythos

Einer der größten Irrtümer im Zusammenhang mit Prokrastination ist die Vorstellung, wir müssten erst „motiviert" sein, bevor wir mit einer Aufgabe beginnen können. Diese Denkweise führt in eine Sackgasse, denn oft entsteht Motivation erst durch das Handeln selbst. Wenn wir warten, bis wir uns motiviert fühlen, warten wir möglicherweise ewig.

Die Wahrheit ist: Motivation ist keine Voraussetzung für Handeln, sondern oft eine Folge davon. Wenn wir erst einmal anfangen, entwickelt sich die Motivation häufig von selbst. Dies erklärt sich durch den sogenannten Zeigarnik-Effekt: Unser Gehirn hat ein natürliches Bedürfnis, begonnene Aufgaben abzuschließen.

Flow-Zustände erreichen

Der Flow-Zustand ist ein besonderer Motivationszustand, in dem wir völlig in einer Tätigkeit aufgehen und Zeit und Raum vergessen. Dieser von dem Psychologen Mihaly Csikszentmihalyi beschriebene Zustand tritt auf, wenn folgende Bedingungen erfüllt sind:

- Die Aufgabe fordert uns optimal (weder Über- noch Unterforderung)
- Wir haben klare Ziele
- Wir erhalten unmittelbares Feedback
- Wir können uns vollständig konzentrieren

Das Erreichen von Flow-Zuständen kann gezielt gefördert werden, indem wir diese Bedingungen bewusst schaffen. Dabei ist es wichtig, die richtige Balance zwischen Herausforderung und Fähigkeit zu finden.

Die Rolle von Belohnungssystemen

Unser Gehirn arbeitet mit einem komplexen Belohnungssystem, das durch den Neurotransmitter Dopamin gesteuert wird. Dieses System können wir uns zunutze machen, indem wir:

- Große Aufgaben in kleine, erreichbare Teilziele zerlegen

- Jeden Fortschritt sichtbar machen und feiern

- Unmittelbare Belohnungen mit langfristigen Zielen verknüpfen

- Positive Gewohnheiten durch regelmäßige Verstärkung aufbauen

Motivationsblockaden überwinden

Motivationsblockaden entstehen oft durch negative Gedankenmuster und Überzeugungen. Typische Blockaden sind:

- „Ich bin nicht gut genug"

- „Die Aufgabe ist zu schwer"

- „Ich habe keine Zeit"

- „Es muss perfekt sein"

Die Überwindung dieser Blockaden erfordert eine bewusste Auseinandersetzung mit unseren Glaubenssätzen. Dabei helfen Techniken wie:

- Kognitive Umstrukturierung
- Positive Selbstgespräche
- Visualisierungsübungen
- Realitätstests

Nachhaltige Motivationsstrategien entwickeln

Eine nachhaltige Motivationsstrategie basiert auf mehreren Säulen:

1. Sinnhaftigkeit erkennen:

Verbinden Sie Ihre Aufgaben mit Ihren übergeordneten Lebenszielen und Werten. Je klarer der Sinn einer Tätigkeit ist, desto leichter fällt die Motivation.

2. Autonomie stärken:

Schaffen Sie sich Wahlmöglichkeiten und Kontrolle über Ihre Aufgaben. Das Gefühl von Selbstbestimmung ist ein starker Motivator.

3. Kompetenzerleben fördern:

Setzen Sie sich Ziele, die herausfordernd, aber erreichbar sind. Jeder Erfolg stärkt Ihr Selbstvertrauen und damit Ihre Motivation.

4. Soziale Einbindung nutzen:

Suchen Sie sich Gleichgesinnte oder einen Mentor. Soziale Unterstützung kann sehr motivierend wirken.

5. Fortschritt sichtbar machen:

Führen Sie ein Erfolgsjournal oder nutzen Sie visuelle Tracking-Methoden. Der sichtbare Fortschritt ist einer der stärksten Motivatoren.

Die Kunst der Selbstmotivation liegt darin, diese verschiedenen Strategien individuell anzupassen und flexibel einzusetzen. Dabei ist es wichtig zu verstehen, dass Motivation keine konstante Größe ist, sondern natürlichen Schwankungen unterliegt. Der Schlüssel zum Erfolg ist nicht, immer motiviert zu sein, sondern auch dann handlungsfähig

zu bleiben, wenn die Motivation gerade niedrig
ist.

## Von der Analyse zur Handlung

Der entscheidende Schritt in der Überwindung
von Prokrastination ist der Übergang vom
Denken zum Handeln. Wir haben nun die psychologischen Grundlagen verstanden, unsere persönlichen Muster analysiert und wissen mehr über
Motivation. Jetzt geht es darum, dieses Wissen in
konkrete Handlung umzusetzen.

Der „Erste-5-Minuten"-Trick
    Eine der effektivsten Strategien zur Überwin-
dung des ersten Widerstands ist der
„Erste-5-Minuten"-Trick. Diese Methode basiert
auf einem fundamentalen psychologischen Prinzip: Wenn wir erst einmal mit einer Tätigkeit
begonnen haben, fällt es uns wesentlich leichter,

sie fortzusetzen. Es ist wie bei einem Auto - der größte Energieaufwand ist nötig, um es aus dem Stand in Bewegung zu setzen.

Der Trick funktioniert so: Sie verpflichten sich nur dazu, für genau fünf Minuten an einer Aufgabe zu arbeiten. Nicht mehr. Nach den fünf Minuten haben Sie die völlige Freiheit aufzuhören. Das Besondere an dieser Methode ist, dass sie zwei wichtige psychologische Hindernisse überwindet: Die Angst vor der Größe der Aufgabe und den Widerstand gegen langfristige Verpflichtungen.

Was dabei in unserem Gehirn passiert, ist faszinierend. Sobald wir anfangen, aktivieren wir den bereits erwähnten Zeigarnik-Effekt - das psychologische Bedürfnis, begonnene Aufgaben abzuschließen. Gleichzeitig reduzieren wir durch den tatsächlichen Beginn der Arbeit unsere oft übertriebenen Befürchtungen bezüglich der Schwierigkeit der Aufgabe.

Mikro-Habits entwickeln

Große Verhaltensänderungen beginnen mit kleinen Gewohnheiten. Mikro-Habits sind so kleine Gewohnheiten, dass sie fast lächerlich einfach erscheinen. Zum Beispiel:

- Eine Minute am Schreibtisch sitzen
- Einen einzigen Satz schreiben
- Eine E-Mail beantworten
- Ein Dokument öffnen und speichern

Der Schlüssel zum Erfolg liegt in der Winzigkeit dieser Gewohnheiten. Sie sind so klein, dass unser Gehirn keinen Widerstand leistet. Mit der Zeit können diese Mikro-Habits zu größeren Gewohnheiten ausgebaut werden, aber der Anfang muss minimal sein.

Implementation Intentions

Eine besonders wirksame Technik zur Überwindung der Lücke zwischen Absicht und Handlung sind „Implementation Intentions" - konkrete

Wenn-Dann-Pläne. Diese Pläne definieren genau, wann, wo und wie eine Handlung ausgeführt werden soll. Statt sich vorzunehmen „Ich werde mehr Sport machen", lautet der Plan: „Wenn ich montags um 17 Uhr von der Arbeit komme, dann ziehe ich direkt meine Laufschuhe an und jogge 20 Minuten im Park."

Die Macht der Routinen

Routinen sind der Schlüssel zu nachhaltiger Verhaltensänderung. Sie automatisieren Entscheidungsprozesse und reduzieren damit den mentalen Aufwand. Eine gut etablierte Routine umgeht die energieraubende Willenskraft-Komponente. Denken Sie an das Zähneputzen - Sie diskutieren morgens nicht mit sich selbst, ob Sie es tun sollen, Sie tun es einfach.

Eine effektive Arbeitsroutine besteht aus drei Elementen:

1. Ein klarer Auslöser (Trigger)
2. Eine definierte Handlung

### 3. Eine kleine Belohnung

Die Routine muss dabei zu Ihrem persönlichen Rhythmus und Lebensstil passen. Experimentieren Sie mit verschiedenen Zeiten und Abläufen, bis Sie Ihre optimale Routine gefunden haben.

Fortschrittsverfolgung

Was gemessen wird, wird getan. Die systematische Verfolgung unseres Fortschritts ist ein mächtiges Werkzeug zur Verhaltensänderung. Dabei geht es nicht um Perfektion, sondern um Bewusstsein und kontinuierliche Verbesserung.

Entwickeln Sie ein einfaches aber effektives System zur Fortschrittsverfolgung:
- Tägliche Checklisten
- Habit-Tracker
- Fortschrittsjournal
- Visuelle Darstellungen des Fortschritts

Mit Rückschlägen umgehen

Rückschläge sind ein normaler Teil jeder Verhaltensänderung. Der entscheidende Unterschied zwischen erfolgreichen und nicht erfolgreichen Menschen liegt nicht darin, ob sie Rückschläge erleben, sondern wie sie damit umgehen.

Entwickeln Sie eine konstruktive Haltung zu Rückschlägen:

- Betrachten Sie sie als Lernchancen
- Analysieren Sie die Auslöser
- Passen Sie Ihre Strategien an
- Kehren Sie schnell zur Routine zurück

Der wichtigste Aspekt beim Übergang zur Handlung ist die Entwicklung von Selbstmitgefühl. Behandeln Sie sich selbst wie einen guten Freund - mit Verständnis, aber auch mit der nötigen Portion liebevoller Konsequenz.

# Strukturen schaffen, die funktionieren

Arbeitsumgebung optimieren

Eine produktive Arbeitsumgebung ist fundamental für die Überwindung von Prokrastination. Der Arbeitsplatz sollte:

- Frei von offensichtlichen Ablenkungen sein

- Ergonomisch eingerichtet sein

- Alle notwendigen Arbeitsmittel griffbereit haben

- Gute Beleuchtung und Belüftung bieten

- Eine angenehme Atmosphäre ausstrahlen

Digitale vs. analoge Werkzeuge

Die Wahl der richtigen Werkzeuge ist entscheidend für effektives Arbeiten. Digitale Tools bieten:

- Automatische Synchronisation

- Einfache Zusammenarbeit

- Schnelle Suche und Filterung
- Regelmäßige Erinnerungen

Analoge Werkzeuge hingegen haben Vorteile wie:
- Bessere haptische Wahrnehmung
- Keine technischen Ablenkungen
- Höhere Merkfähigkeit
- Flexibilität in der Gestaltung

Die optimale Lösung ist oft eine Kombination aus beiden Welten.

Effektive To-Do-Listen erstellen

Eine gut strukturierte To-Do-Liste ist mehr als eine simple Aufzählung von Aufgaben. Sie sollte:
- Prioritäten klar kennzeichnen
- Realistische Zeitschätzungen enthalten
- In machbare Teilschritte untergliedert sein
- Kontextinformationen bereitstellen
- Regelmäßig überprüft und aktualisiert werden

Priorisierungsmethoden

Die effektivste Priorisierungsmethode ist die Eisenhower-Matrix, die Aufgaben nach Wichtigkeit und Dringlichkeit kategorisiert:

- Wichtig & Dringend: Sofort erledigen
- Wichtig & Nicht dringend: Terminieren
- Nicht wichtig & Dringend: Delegieren
- Nicht wichtig & Nicht dringend: Eliminieren

Zeitblöcke und Timeboxing

Timeboxing bedeutet, feste Zeitblöcke für bestimmte Aufgaben zu reservieren. Dies hat mehrere Vorteile:

- Klare Struktur im Tagesablauf
- Bessere Fokussierung
- Realistische Zeitplanung
- Reduzierte Prokrastination

Ablenkungen minimieren

Der Schlüssel zur Produktivität liegt oft in der Kontrolle von Ablenkungen:

- Notifications deaktivieren
- Störungsfreie Zeiten einrichten

- Physische und digitale Arbeitsumgebung auf-
räumen
- Klare Grenzen setzen
- Fokus-Apps nutzen

Die richtige Struktur ermöglicht es uns, vom reaktiven zum proaktiven Arbeiten überzugehen und damit Prokrastination effektiv zu bekämpfen.

## Die Kunst der Selbstregulation

In diesem Kapitel lernen wir, wie wir unsere Emotionen, Impulse und Energie besser steuern können - denn genau diese Faktoren beeinflussen maßgeblich unser Aufschiebeverhalten.

Emotionsmanagement

Stellen Sie sich vor, Sie sitzen vor einer wichtigen Präsentation. Ihr Herz rast, Ihre Hände sind schweißnass, und Sie spüren eine überwältigende Angst vor dem Versagen. In solchen Momenten ist es entscheidend, diese Gefühle nicht zu unterdrücken, sondern sie bewusst wahrzunehmen und zu akzeptieren. Eine bewährte Technik ist die RAIN-Methode:

Recognize (Erkennen): „Ich spüre gerade Angst."

Accept (Akzeptieren): „Es ist normal, vor wichtigen Aufgaben nervös zu sein."

Investigate (Untersuchen): „Woher kommt diese Angst? Was ist der schlimmste Fall?"

Non-Identification (Nicht-Identifikation): „Ich habe Angst, aber ich bin nicht meine Angst."

Ein weiteres praktisches Beispiel: Wenn Sie eine schwierige E-Mail schreiben müssen und Wut oder Frustration spüren, können Sie diese Emotionen zunächst in einem separaten Dokument „ausschreiben". Schreiben Sie alles nieder, was Sie wirklich denken und fühlen - ohne Filter. Dieser emotionale „Dump" hilft, die Gefühle zu verarbeiten, bevor Sie die eigentliche E-Mail sachlich und professionell verfassen.

Impulskontrolle stärken

Nehmen wir an, Sie wollen an einem wichtigen Projekt arbeiten, aber Ihr Smartphone blinkt ständig mit neuen Nachrichten. Die „10-Minuten-Regel" kann hier helfen: Wenn Sie den Impuls verspüren, zum Handy zu greifen, warten Sie zunächst 10 Minuten. Oft vergeht der Impuls in dieser Zeit, und Sie bleiben bei Ihrer Arbeit.

Ein anderes praktisches Beispiel ist die „Wenn-Dann-Planung": „Wenn ich den Impuls verspüre, Social Media zu checken, dann trinke ich stattdessen einen Schluck Wasser und atme dreimal tief durch." Diese konkreten Handlungsalternativen helfen, destruktive Impulse umzulenken.

Willenskraft richtig einsetzen

Stellen Sie sich Ihre Willenskraft wie einen Muskel vor, der im Laufe des Tages ermüdet.

Morgens, wenn der „Muskel" noch frisch ist, sollten Sie Ihre wichtigsten und schwierigsten Aufgaben angehen. Ein Beispiel aus der Praxis: Eine Studentin, die ihre Masterarbeit schreibt, nutzt die frühen Morgenstunden für das Schreiben, wenn ihre Willenskraft noch stark ist. Administrative Aufgaben wie E-Mails oder Formatierungen verschiebt sie auf den Nachmittag.

Stressmanagement

Ein konkretes Beispiel für effektives Stressmanagement ist die „5-4-3-2-1-Methode": Wenn Sie sich gestresst fühlen, nennen Sie:

5 Dinge, die Sie sehen können

4 Dinge, die Sie hören können

3 Dinge, die Sie fühlen können

2 Dinge, die Sie riechen können

1 Ding, das Sie schmecken können

Diese Übung bringt Sie sofort in den gegenwärtigen Moment zurück und reduziert Stress fast augenblicklich.

Achtsamkeit im Alltag

Eine praktische Übung für mehr Achtsamkeit ist die „Rote-Ampel-Meditation": Nutzen Sie jede rote Ampel als Erinnerung, drei bewusste Atemzüge zu nehmen und Ihre Körperhaltung wahrzunehmen. So integrieren Sie Achtsamkeit ganz natürlich in Ihren Alltag, ohne extra Zeit dafür einplanen zu müssen.

Energiemanagement

Ein konkretes Beispiel für effektives Energie- management ist die „90-20-Regel": Arbeiten Sie 90 Minuten fokussiert an einer Aufgabe, gefolgt von 20 Minuten echter Erholung. In der Pause sollten Sie wirklich abschalten - also nicht nur von einer digitalen Aktivität zur nächsten wech- seln, sondern zum Beispiel:

- einen kurzen Spaziergang machen

- Dehnübungen durchführen

- ein Glas Wasser trinken und aus dem Fenster schauen

- eine kurze Meditation machen

Ein weiteres praktisches Beispiel ist das „Energie-Tagebuch": Notieren Sie eine Woche lang stündlich Ihre Energielevel auf einer Skala von 1-10. So erkennen Sie Ihre natürlichen Hochs und Tiefs und können Ihre wichtigen Aufgaben entsprechend planen.

Die Kunst der Selbstregulation liegt darin, diese verschiedenen Techniken flexibel und situationsangemessen einzusetzen. Dabei ist es wichtig zu verstehen, dass Rückschläge normal sind und zum Lernprozess gehören. Wie ein Dirigent, der sein Orchester leitet, lernen Sie nach und nach, die verschiedenen Aspekte Ihrer Selbstregulation harmonisch zusammenspielen zu lassen.

# Große Projekte meistern

Die Herausforderung bei großen Projekten liegt oft nicht in ihrer Komplexität, sondern in unserer Wahrnehmung ihrer Überwältigung. Wenn wir vor einer gewaltigen Aufgabe stehen, etwa dem Schreiben einer Dissertation, der Gründung eines Unternehmens oder der Organisation einer Großveranstaltung, kann uns allein der Gedanke an das Gesamtprojekt lähmen. Doch mit den richtigen Strategien lässt sich jedes noch so große Projekt bewältigen.

Projekte richtig zerlegen

Das Aufbrechen eines großen Projekts in kleinere Einheiten ist mehr als nur eine simple Aufteilung. Es ist eine Kunst, die nach systematischem Vorgehen verlangt. Nehmen wir als Beispiel das Schreiben eines Buches: Statt es als eine monumentale Aufgabe zu betrachten, können wir es in verschiedene Ebenen unterteilen. Die erste Ebene könnte die grobe Kapitelstruktur sein. Jedes Kapitel wird dann in Unterkapitel gegliedert, diese wiederum in einzelne Abschnitte. Schließlich erreichen wir die Ebene einzelner Schreibeinheiten - vielleicht 500 Wörter pro Tag, ein überschaubares und realistisches Ziel.

Die Zerlegung sollte dabei immer nach dem Prinzip der „minimalen funktionalen Einheit" erfolgen. Das bedeutet, jeder Teilschritt sollte für sich genommen bereits einen Wert haben und zu einem sichtbaren Ergebnis führen. Bei der Entwicklung einer Website beispielsweise könnte eine solche Einheit die Erstellung der Kontaktseite sein - ein überschaubarer Teilschritt, der aber bereits einen konkreten Nutzen bietet.

Meilensteine setzen

Meilensteine sind mehr als nur Zwischenziele - sie sind Orientierungspunkte, die uns Richtung und Motivation geben. Ein gut gesetzter Meilenstein erfüllt mehrere Funktionen: Er ist konkret und messbar, zeitlich definiert, und - das ist besonders wichtig - er erzeugt ein Gefühl der Zufriedenheit bei seiner Erreichung. Bei der Gründung eines Cafés könnte ein erster Meilenstein beispielsweise die Fertigstellung des Geschäftsplans sein, gefolgt von der Standortauswahl, der Einrichtungsplanung und schließlich der Eröffnung.

Dabei ist es wichtig, die Meilensteine nicht zu weit auseinander zu setzen. Der psychologische Effekt von erreichten Zielen ist am stärksten, wenn die Abstände zwischen den Erfolgen nicht zu groß sind. Ein bewährter Ansatz ist die „Zwei-Wochen-Regel": Zwischen zwei Meilensteinen sollten nicht mehr als zwei Wochen liegen.

Fortschritt messen

Die Messung des Fortschritts ist ein komplexer Prozess, der über einfaches Abhaken von Auf-

gaben hinausgeht. Ein effektives Fortschritts-
monitoring berücksichtigt verschiedene Dimen-
sionen: quantitative Fortschritte (wie viel ist
bereits geschafft?), qualitative Aspekte (wie gut
ist das Erreichte?), und - besonders wichtig - den
Lernfortschritt (welche Erkenntnisse haben wir
gewonnen?).

Ein praktisches Beispiel: Bei der Entwicklung
eines Online-Kurses könnten wir den Fortschritt
anhand mehrerer Metriken verfolgen: die Anzahl
der fertiggestellten Lektionen, das Feedback von
Testnutzern, die technische Funktionalität und die
Erreichung der Lernziele. Diese mehrdimen-
sionale Betrachtung gibt uns ein vollständigeres
Bild unseres tatsächlichen Fortschritts.

Komplexität reduzieren

Die Reduktion von Komplexität ist ein kontinuierlicher Prozess, der parallel zur Projektdurch-
führung läuft. Dabei geht es nicht darum, Dinge
zu vereinfachen, sondern sie handhabbar zu

machen. Eine bewährte Methode ist das „Single-Focus-Prinzip": Zu jedem Zeitpunkt konzentrieren wir uns nur auf einen spezifischen Aspekt des Projekts.

Nehmen wir als Beispiel die Organisation einer Konferenz: Statt alle Aspekte gleichzeitig zu jonglieren (Location, Sprecher, Catering, Marketing etc.), widmen wir uns zunächst ausschließlich der Sprecherauswahl. Erst wenn dieser Aspekt weitgehend geklärt ist, gehen wir zum nächsten über. Diese sequenzielle Bearbeitung reduziert die kognitive Last und verhindert Überforderung.

## Die soziale Dimension

Die Überwindung von Prokrastination wird oft als rein persönliche Herausforderung betrachtet.

Doch in Wirklichkeit spielt die soziale Dimension eine entscheidende Rolle bei der Verhaltensänderung. Unsere Beziehungen und sozialen Interaktionen können entweder als mächtige Unterstützung oder als zusätzliche Hürde wirken.

Unterstützungssysteme aufbauen

Ein effektives Unterstützungssystem gleicht einem gut konstruierten Sicherheitsnetz. Es besteht nicht nur aus Menschen, die uns anfeuern, sondern aus verschiedenen Ebenen der Unterstützung. Denken Sie an einen Architekten, der ein wichtiges Projekt zu Ende bringen muss. Sein Unterstützungssystem könnte aus einem Mentor bestehen, der fachlichen Rat gibt, einem Accountability-Partner, der regelmäßige Check-ins durchführt, und einem Freundeskreis, der für emotionale Unterstützung sorgt.

Die Kunst liegt darin, die richtigen Menschen für die verschiedenen Unterstützungsrollen zu finden. Nicht jeder Freund eignet sich als

Accountability-Partner, und nicht jeder Kollege als Mentor. Die ideale Unterstützungsperson vereint Empathie mit der Fähigkeit, uns auch dann zu motivieren, wenn wir selbst den Glauben an uns verlieren.

Verbindlichkeit schaffen

Verbindlichkeit entsteht nicht durch bloße Absichtserklärungen, sondern durch konkrete soziale Vereinbarungen. Ein Beispiel: Eine Schriftstellerin, die ihr Buchprojekt zu Ende bringen möchte, vereinbart mit ihrer Schreibgruppe, jeden Montag fünf neue Seiten vorzustellen. Diese soziale Verpflichtung ist weitaus wirksamer als ein simpler Eintrag im Kalender.

Dabei ist es wichtig, die richtige Balance zwischen Unterstützung und Druck zu finden. Die Verbindlichkeit sollte motivierend wirken, nicht lähmend. Eine bewährte Methode ist das „Staffel-Prinzip": Wie bei einem Staffellauf gibt es definierte Übergabepunkte, an denen wir unseren

Fortschritt mit anderen teilen. Diese regelmäßigen Check-ins schaffen Struktur, ohne zu überfordern.

Kommunikation mit anderen

Die Art, wie wir über unsere Ziele und Herausforderungen kommunizieren, beeinflusst maßgeblich unseren Erfolg. Statt vage Ankündigungen zu machen („Ich sollte wirklich mal..."), formulieren wir konkrete Absichten und bitten um spezifische Unterstützung. Ein Manager, der seine E-Mail-Flut bewältigen möchte, könnte seinem Team mitteilen: „Ich reserviere jeden Morgen von 9-10 Uhr für E-Mails. In dieser Zeit bin ich nicht verfügbar für Meetings."

Besonders wichtig ist die Kommunikation bei Rückschlägen. Statt uns zu isolieren, wenn wir wieder einmal prokrastiniert haben, lernen wir, offen darüber zu sprechen. Dies nicht nur, um Unterstützung zu erhalten, sondern auch, um anderen zu helfen, die möglicherweise mit ähnlichen Herausforderungen kämpfen.

## Grenzen setzen

Das Setzen von Grenzen ist ein wesentlicher Aspekt der sozialen Dimension von Prokrastination. Oft schieben wir Aufgaben auf, weil wir uns von den Anforderungen anderer überfordert fühlen. Eine Freelancerin beispielsweise könnte lernen, nicht sofort auf jede Kundenanfrage zu reagieren, sondern feste Kommunikationszeiten einzuführen.

Grenzen zu setzen bedeutet auch, „Nein" sagen zu lernen - nicht als Ablehnung, sondern als Akt der Selbstfürsorge. Dabei hilft die „Verzögerungs-Technik": Statt sofort zuzusagen, wenn jemand uns um etwas bittet, gewöhnen wir uns an, erst nach einer Bedenkzeit zu antworten.

## Feedback konstruktiv nutzen

Feedback ist ein zweischneidiges Schwert. Richtig genutzt kann es uns wertvolle Einsichten liefern und motivieren. Falsch verstanden kann es uns lähmen und noch tiefer in die Prokrastination treiben. Der Schlüssel liegt darin, Feedback als Werkzeug zur Verbesserung zu sehen, nicht als Urteil über unseren Wert.

Ein praktischer Ansatz ist die „Feedback-Triage": Wir lernen zu unterscheiden zwischen Feedback, das uns weiterbringt, und solchem, das uns blockiert. Nicht jede Meinung muss berücksichtigt werden, aber jedes konstruktive Feedback verdient unsere Aufmerksamkeit.

# Digitale Herausforderungen bewälti-gen

In unserem digitalen Zeitalter haben sich die Herausforderungen für fokussiertes Arbeiten dramatisch verändert. Wo früher vielleicht ein klingelndes Telefon die einzige technische Ablenkung war, kämpfen wir heute mit einer Flut von Benachrichtigungen, E-Mails und digitalen Verlockungen. Dieses Kapitel zeigt, wie wir die digitale Welt zu unserem Verbündeten machen können, statt uns von ihr beherrschen zu lassen.

Social Media Management

Social Media ist wie ein nie endender Cocktailempfang - ständig passiert etwas Interessantes, und es ist verlockend, nichts verpassen zu wollen. Diese „Fear of Missing Out" (FOMO) kann zu einem ständigen Ablenkungsfaktor werden. Die

Lösung liegt nicht im kompletten Verzicht, sondern im bewussten Umgang.

Ein effektiver Ansatz ist das „Zeit-Fenster-Modell": Statt Social Media als ständigen Begleiter zu nutzen, definieren wir feste Zeitfenster dafür. Eine Unternehmerin könnte beispielsweise festlegen, ihre beruflichen Social-Media-Aktivitäten auf zwei 30-Minuten-Blöcke am Tag zu beschränken - einen am Morgen für wichtige Updates und einen am späten Nachmittag für Interaktionen mit der Community. Außerhalb dieser Fenster bleiben die Apps geschlossen.

Besonders wichtig ist die Trennung zwischen beruflicher und privater Social-Media-Nutzung. Ein bewährter Ansatz ist das „Zwei-Geräte-Prinzip": Berufliche Social-Media-Aktivitäten finden ausschließlich am Arbeitscomputer statt, private nur am Smartphone - oder umgekehrt.

E-Mail-Organisation

E-Mails sind wie ein nie versiegender Strom - kaum hat man eine Nachricht bearbeitet, treffen schon drei neue ein. Die Kunst liegt darin, aus dem reaktiven Modus (ständiges Checken und sofortiges Antworten) in einen proaktiven Modus zu wechseln.

Die „Container-Methode" hat sich dabei als besonders effektiv erwiesen: Statt E-Mails als kontinuierlichen Strom zu behandeln, schaffen wir zeitliche Container für die Bearbeitung. Ein leitender Angestellter könnte beispielsweise drei E-Mail-Slots pro Tag einrichten: 30 Minuten am Morgen für dringende Angelegenheiten, eine Stunde nach dem Mittagessen für ausführlichere Korrespondenzen und 30 Minuten am späten Nachmittag für abschließende Checks.

Dabei hilft das „Vier-D-Prinzip" bei der Bearbeitung jeder E-Mail:

  - Do it (sofort erledigen, wenn es weniger als 2 Minuten dauert)

- Delegate it (an die zuständige Person weiter-
leiten)

- Defer it (in einen speziellen Ordner für spä-
tere Bearbeitung)

- Delete it (löschen, wenn keine Aktion
erforderlich)

App-Überflutung vermeiden

Die Verlockung, für jedes Problem eine neue
App zu installieren, ist groß. Doch jede zusätzliche App bedeutet auch zusätzliche kognitive
Last. Die Lösung liegt in der bewussten Minimierung und Integration unserer digitalen Werkzeuge.

Ein praktischer Ansatz ist die „App-Audit-
Methode": Einmal im Monat überprüfen wir kri-
tisch, welche Apps wir wirklich nutzen und
welche uns eher ablenken als helfen. Dabei
bewerten wir jede App nach drei Kriterien:

1. Tatsächlicher Nutzen für unsere Produktivität

2. Zeit, die wir mit der App verbringen

3. Potenzial für Ablenkung

Digital Detox Strategien

Digital Detox bedeutet nicht, komplett offline zu gehen, sondern eine gesunde Balance zwischen digitaler und analoger Welt zu finden. Eine bewährte Strategie ist die „Digitale Dämmerung": Ab einer bestimmten Uhrzeit, zum Beispiel 20 Uhr, werden alle nicht-essentiellen digitalen Geräte ausgeschaltet. Dies gibt unserem Gehirn die Chance, herunterzufahren und sich auf den Schlaf vorzubereiten.

Besonders wichtig ist die Schaffung digitaler Oasen im Alltag: Zeiten und Orte, die komplett frei von digitalen Ablenkungen sind. Dies könnte das Schlafzimmer sein, die Mittagspause oder der Sonntagmorgen.

Produktive Technologienutzung

Der Schlüssel zur produktiven Technologienutzung liegt in der Automatisierung wiederkehrender Aufgaben bei gleichzeitiger Minimierung von Ablenkungen. Ein Content Creator könnte beispielsweise Tools zur automatischen Planung von Social-Media-Posts nutzen, gleichzeitig aber alle Benachrichtigungen deaktivieren.

Die „Tech-Stack-Optimierung" ist dabei ein kontinuierlicher Prozess: Regelmäßig überprüfen wir, ob unsere digitalen Werkzeuge noch optimal zusammenarbeiten oder ob es Verbesserungspotential gibt. Dabei gilt das Prinzip: Weniger ist oft mehr, solange die gewählten Tools gut integriert sind und effektiv zusammenarbeiten.

# Gewohnheiten nachhaltig ändern

Der Aufbau neuer Gewohnheiten ist wie das Anlegen eines Gartens - es braucht Zeit, Geduld und Verständnis für die natürlichen Prozesse. In diesem Kapitel lernen wir, wie wir unsere Gewohnheiten so verändern können, dass die Veränderungen auch langfristig Bestand haben.

Der Gewohnheitskreislauf

Jede Gewohnheit folgt einem bestimmten Muster, das der Verhaltensforscher Charles Duhigg als „Gewohnheitsschleife" bezeichnet hat. Diese besteht aus drei Elementen: dem Auslöser (Trigger), der Routine (das eigentliche Verhalten) und der Belohnung. Nehmen wir als Beispiel das klassische Prokrastinationsverhalten beim Arbeitsbeginn: Der Auslöser könnte der Anblick einer schwierigen Aufgabe sein, die

Routine ist das Ausweichen auf soziale Medien, und die Belohnung ist die kurzfristige Erleichterung, die wir durch die Ablenkung erfahren.

Um diesen Kreislauf zu durchbrechen, müssen wir zunächst verstehen, dass Gewohnheiten nicht einfach verschwinden - sie werden ersetzt. Stellen Sie sich vor, Sie haben einen ausgetretenen Pfad in Ihrem Garten. Sie können nicht einfach ein „Betreten verboten"-Schild aufstellen und erwarten, dass der Pfad verschwindet. Stattdessen müssen Sie einen neuen, attraktiveren Weg anlegen und den alten Pfad neu bepflanzen.

Neue Gewohnheiten etablieren

Die Etablierung neuer Gewohnheiten folgt dem Prinzip der „Kleinen Schritte". Anstatt zu versuchen, morgens sofort zwei Stunden früher aufzustehen, beginnen wir mit fünf Minuten. Nach einer Woche fügen wir weitere fünf Minuten hinzu, und so weiter. Diese graduelle Veränderung gibt unserem Gehirn die Chance, sich anzupassen und neue neuronale Verbindungen aufzubauen.

Ein weiterer wichtiger Aspekt ist das „Habit Stacking" - das Anhängen einer neuen Gewohnheit an eine bereits bestehende. Wenn Sie beispielsweise die Gewohnheit entwickeln möchten, jeden Tag eine Seite zu schreiben, könnten Sie dies mit Ihrem morgendlichen Kaffeetrinken verbinden: „Nach dem ersten Schluck Kaffee öffne ich mein Notizbuch und schreibe eine Seite."

Alte Muster durchbrechen

Das Durchbrechen alter Muster erfordert mehr als nur Willenskraft - es braucht eine Veränderung der Umgebung und der Trigger. Wenn Sie beispielsweise dazu neigen, Arbeitsaufgaben aufzuschieben, indem Sie Ihre E-Mails checken, könnte eine Lösung sein, Ihr E-Mail-Programm erst nach 11 Uhr zu öffnen und die ersten Arbeitsstunden für fokussierte Projektarbeit zu nutzen.

Besonders wichtig ist das Verständnis für die emotionale Komponente alter Gewohnheiten. Oft dienen sie als Bewältigungsmechanismen für Stress, Angst oder Unsicherheit. Anstatt diese Muster einfach zu verurteilen, lernen wir, sie als Hinweise auf tieferliegende Bedürfnisse zu verstehen und gesündere Wege zu finden, diese Bedürfnisse zu erfüllen.

Trigger umgestalten

Die Umgestaltung von Triggern ist wie das Umprogrammieren eines Computers. Der alte Auslöser (zum Beispiel das Gefühl von Überforderung) soll nicht mehr automatisch zur alten Reaktion (Prokrastination) führen, sondern zu einem neuen, produktiveren Verhalten. Dies erreichen wir durch bewusstes „Trigger-Training“:

Zunächst identifizieren wir die spezifischen Situationen, die uns zum Aufschieben verleiten. Dann entwickeln wir für jeden dieser Trigger einen konkreten Handlungsplan. Wenn beispielsweise große Aufgaben Sie überwältigen, könnte der neue Plan sein: „Sobald ich mich überfordert fühle, teile ich die Aufgabe in drei kleinere Schritte und beginne mit dem einfachsten."

Belohnungssysteme entwickeln

Unser Gehirn lernt am besten durch positive Verstärkung. Dabei ist es wichtig, zu verstehen, dass Belohnungen nicht materiell sein müssen - oft sind emotionale oder soziale Belohnungen sogar wirksamer. Ein Beispiel: Nach Abschluss einer wichtigen Aufgabe gönnen Sie sich nicht einfach eine Tasse Kaffee, sondern Sie teilen Ihren Erfolg mit einem Mentor oder Freund, der Ihre Leistung würdigt.

Ein effektives Belohnungssystem folgt dem „Sandwich-Prinzip":
   - Kleine Belohnungen für den Beginn einer Aufgabe
   - Mittlere Belohnungen für das Durchhalten
   - Große Belohnungen für den Abschluss

Langfristige Verhaltensänderung

Die nachhaltige Veränderung von Gewohnheiten ist ein Marathon, kein Sprint. Der Schlüssel zum Erfolg liegt in der Entwicklung eines „Wachstums-Mindsets" - dem Verständnis, dass Rückschläge nicht Versagen bedeuten, sondern normale Teile des Lernprozesses sind.

Dabei hilft das Konzept der „Identitätsbasierten Gewohnheiten": Anstatt uns auf das Verhalten zu konzentrieren, arbeiten wir an unserem Selbstbild. Statt „Ich versuche, nicht mehr aufzuschieben" wird daraus „Ich bin eine Person, die Dinge anpackt und zu Ende bringt."

## Spezielle Herausforderungen

In diesem abschließenden Kapitel widmen wir uns den besonderen Herausforderungen, die in spezifischen Lebensbereichen auftreten. Denn Prokrastination zeigt sich in verschiedenen Kontexten unterschiedlich und erfordert oft maßgeschneiderte Lösungsansätze.

Berufliche Prokrastination

Im Berufsleben hat Prokrastination besonders weitreichende Konsequenzen. Ein typisches Szenario: Eine Führungskraft schiebt schwierige Personalgespräche auf, was zu einer Verschlechterung der Teamdynamik führt. Oder ein Projektmanager vermeidet es, problematische Entwicklungen anzusprechen, bis das Projekt in ernsthafte Schwierigkeiten gerät.

Die berufliche Prokrastination wird oft durch die Hierarchiestrukturen verstärkt. Die Angst vor negativer Bewertung oder beruflichen Konsequenzen kann lähmend wirken. Ein effektiver Ansatz ist hier die „Eskalations-Prävention": Wir entwickeln systematische Frühwarnsysteme für uns selbst. Zum Beispiel könnte eine Führungskraft sich vornehmen, spätestens nach drei verschobenen Terminen ein Coaching in Anspruch zu nehmen.

Besonders wichtig im beruflichen Kontext ist die Entwicklung einer „Feedback-Kultur der kurzen Wege". Statt große Präsentationen oder Berichte aufzuschieben, etablieren wir regelmäßige kurze Updates. Ein Projektleiter könnte beispielsweise tägliche 15-Minuten-Standups einführen, bei denen auch schwierige Themen in einem sicheren Rahmen angesprochen werden können.

Akademisches Aufschieben

Im akademischen Bereich zeigt sich Prokrastination oft besonders deutlich, da hier große, komplexe Projekte mit oft vagen Deadlines zusammentreffen. Eine Doktorandin etwa steht vor der gewaltigen Aufgabe, ihre Dissertation zu schreiben - ein Projekt, das sich über Jahre erstrecken kann.

Die Lösung liegt hier in der Entwicklung einer „akademischen Schreibroutine". Statt auf Inspiration zu warten, etablieren wir feste Schreibzeiten, idealerweise am Morgen, wenn unser analytisches Denken am schärfsten ist. Dabei hilft die „Pomodoro-Plus-Methode": 25 Minuten Schreiben, gefolgt von 5 Minuten Pause, aber mit einem wichtigen Zusatz - in jeder Schreibsession fokussieren wir uns auf einen spezifischen Aspekt (Literaturrecherche, Analyse, Schreiben, Überarbeiten).

Kreative Blockaden

Kreative Berufe stellen eine besondere Herausforderung dar, weil hier die Qualität der Arbeit stark von unserer mentalen Verfassung abhängt. Ein Grafikdesigner kann nicht einfach „durchziehen", wenn die kreative Energie fehlt. Die Prokrastination tarnt sich hier oft als „Warten auf Inspiration".

Die Lösung liegt in der Entwicklung eines „kreativen Rituals". Statt auf den perfekten kreativen Moment zu warten, schaffen wir die Bedingungen für Kreativität. Ein Künstler könnte beispielsweise jeden Morgen mit 20 Minuten „absichtslosem Skizzieren" beginnen - ohne Druck, etwas Bestimmtes produzieren zu müssen. Diese ritualisierte Praxis überwindet den initialen Widerstand und öffnet oft den Weg für tiefere kreative Arbeit.

Administrative Aufgaben

Administrative Aufgaben wie Steuererklärungen, Versicherungsangelegenheiten oder Behördengänge sind klassische Kandidaten für Prokrastination. Sie erscheinen oft gleichzeitig dringend und lästig, was eine besonders unangenehme Kombination darstellt.

Ein effektiver Ansatz ist hier das „Administrative Zeitfenster": Wir reservieren einen festen Zeitblock pro Woche ausschließlich für administrative Aufgaben. Dabei nutzen wir das „Stapel-Prinzip": Ähnliche Aufgaben werden zusammengefasst, um von einem „Workflow" zu profitieren. Wenn wir einmal im „Verwaltungsmodus" sind, fällt es leichter, mehrere solcher Aufgaben am Stück zu erledigen.

Gesundheit und Fitness

Im Bereich Gesundheit und Fitness zeigt sich Prokrastination oft in Form von „morgen fange ich an". Das Problem: Dieses „morgen" kommt nie. Die Lösung liegt in der Entwicklung einer „Gesundheits-Identität" statt einzelner Gesundheitsziele.

Statt uns vorzunehmen „ich sollte mehr Sport machen", entwickeln wir eine Vision von uns selbst als aktive, gesundheitsbewusste Person. Dies erreichen wir durch die „Mini-Habits-Strategie": Wir beginnen mit extrem kleinen Veränderungen (eine Minute Planking pro Tag, ein Glas Wasser zum Frühstück) und bauen diese schrittweise aus.

Finanzielle Verpflichtungen

Finanzielle Prokrastination kann besonders schwerwiegende Folgen haben. Das Aufschieben von Rechnungen, Steuererklärungen oder finanzieller Planung kann zu einer Abwärtsspirale führen.

Die Lösung liegt in der Entwicklung eines „finanziellen Autopiloten". Durch Automatisierung und systematische Planung reduzieren wir die Anzahl der notwendigen Entscheidungen. Ein praktischer Ansatz ist das „Drei-Konten-System": Ein Konto für fixe Ausgaben (automatisiert), eines für variable Ausgaben (wöchentliches Budget) und eines für langfristige Ziele (automatischer Sparplan).

Die Bewältigung dieser speziellen Herausforderungen erfordert eine Kombination aus den in den vorherigen Kapiteln gelernten Strategien, angepasst an den jeweiligen Kontext. Der Schlüssel liegt darin, für jeden Bereich maßgeschneiderte Routinen und Systeme zu entwickeln, die unsere spezifischen Hindernisse berücksichtigen.

## Zusammenfassung

Unser gemeinsame Reise durch die Welt der Prokrastination hat uns von den psychologischen Grundlagen bis hin zu praktischen Lösungsstrategien für spezifische Lebensbereiche geführt. Lassen Sie uns die wichtigsten Erkenntnisse zusammenfassen und in einen größeren Kontext einordnen.

Das Verständnis der Prokrastination als komplexes psychologisches Phänomen bildet das

Fundament für jede erfolgreiche Veränderung. Wir haben gelernt, dass Aufschieben keine Charakterschwäche ist, sondern ein erlerntes Verhaltensmuster, das sich aus verschiedenen Faktoren zusammensetzt - von unserer Emotionsregulation bis hin zu unserer Zeitwahrnehmung.

Die Selbstanalyse hat uns gezeigt, wie individuell unsere Aufschiebemuster sind. Wie ein Detektiv haben wir gelernt, unsere persönlichen Trigger zu identifizieren und die wahren Ursachen hinter unserem Verhalten zu erkennen. Diese Erkenntnis ist der erste Schritt zur Veränderung.

Besonders wichtig war das Verständnis der zeitlichen Diskontierung - unserer Tendenz, kurzfristige Belohnungen zu bevorzugen. Diese evolutionär geprägte Neigung unseres Gehirns erklärt, warum wir oft gegen unsere langfristigen Interessen handeln. Mit diesem Wissen können wir gezielt gegensteuern und Strategien entwickeln, die unsere natürlichen Tendenzen berücksichtigen.

Die Motivation haben wir als das erkannt, was sie ist: nicht die Voraussetzung, sondern oft das Ergebnis unseres Handelns. Diese Erkenntnis befreit uns von der lähmenden Vorstellung, wir müssten erst „in Stimmung" sein, bevor wir anfangen können.

Der Übergang von der Analyse zur Handlung wurde durch konkrete Techniken wie den „Erste-5-Minuten-Trick" und die Entwicklung von Mikro-Habits erleichtert. Diese Werkzeuge helfen uns, die kritische Schwelle zwischen Intention und Aktion zu überwinden.

Die Schaffung unterstützender Strukturen - sowohl in unserer physischen als auch in unserer digitalen Umgebung - bildet das Gerüst für nachhaltige Veränderung. Wir haben gelernt, unsere

Umgebung so zu gestalten, dass sie gewünschtes Verhalten fördert und unerwünschtes erschwert.

Die Kunst der Selbstregulation hat uns gezeigt, wie wir unsere Emotionen, Impulse und Energie besser steuern können. Diese Fähigkeiten bilden das Herzstück erfolgreicher Verhaltensänderung.

Die Bewältigung großer Projekte wurde durch systematische Zerlegung und strategische Planung handhabbar gemacht. Wir haben gelernt, wie wir komplexe Aufgaben in überschaubare Einheiten aufteilen und dabei den Überblick behalten.

Die soziale Dimension der Prokrastination hat uns die Bedeutung von Unterstützungssystemen und effektiver Kommunikation vor Augen geführt. Veränderung geschieht nicht im luftleeren Raum, sondern immer im Kontext unserer sozialen Beziehungen.

Die digitalen Herausforderungen unserer Zeit haben wir als das erkannt, was sie sind: nicht unüberwindbare Hindernisse, sondern Aspekte unseres Lebens, die bewusster Gestaltung bedürfen.

Die nachhaltige Veränderung von Gewohnheiten wurde als gradueller Prozess verstanden, der Zeit, Geduld und Verständnis erfordert. Wie ein Gärtner lernen wir, die Bedingungen für Wachstum zu schaffen und dabei die natürlichen Rhythmen zu respektieren.

Die spezifischen Herausforderungen in verschiedenen Lebensbereichen haben uns gezeigt, wie wichtig es ist, allgemeine Prinzipien an konkrete Kontexte anzupassen.

Der wichtigste Aspekt dieser Reise ist vielleicht die Erkenntnis, dass die Überwindung von Prokrastination keine Frage der Willenskraft ist, sondern eine Frage des Verständnisses und der systematischen Veränderung. Mit den richtigen Werkzeugen und Strategien kann jeder lernen, vom Aufschieben ins Handeln zu kommen.

Die Veränderung beginnt mit dem ersten Schritt - und mit diesem Buch haben Sie nicht nur den ersten Schritt getan, sondern einen ganzen Werkzeugkasten an Strategien und Techniken erworben. Die Reise geht weiter, aber Sie sind jetzt besser ausgerüstet, um die Herausforderungen auf dem Weg zu meistern.

Denken Sie daran: Jeder Tag bietet neue Möglichkeiten, alte Muster zu durchbrechen und neue, produktivere Gewohnheiten zu entwickeln. Der Weg zur Veränderung ist nicht immer geradlinig, aber mit den richtigen Strategien und etwas Geduld ist jedes Ziel erreichbar.

ENDE